AF285932

Stefan Burchert

Das Gleichnis vom verlorenen Sohn

Eine zusammenfassende Darstellung
zum Verständnis des Gleichnisses

Stefan Burchert
Verlag

© Stefan Burchert Verlag Barmstedt
Alle Rechte vorbehalten, 2001.
www.BaLit.de
Umschlag-Bild: Katharina Matthies.
Herstellung: Books on Demand GmbH, Norderstedt
ISBN 3-8311-2968-1

Zum Autor: Stefan Burchert ist Lehrer für Gymnasien mit den Fächern Deutsch, Sport und katholische Religion. Seine Veröffentlichungen liegen in den Bereichen Romane/Erzählungen, Literaturwissenschaft und Theologie.

Vielen Dank an Dr. M. Gartmann für die freundliche Betreuung bei der Konzeption.

Barmstedt, im November 2001   *Stefan Burchert*

Inhalt

Der Gleichnis-Text
(Lukas 15, 11-32, Einheitsübersetzung)

[11]*Weiter sagte Jesus: Ein Mann hatte zwei Söhne.* [12]*Der jüngere von ihnen sagte zu seinem Vater: Vater, gib mir das Erbteil, das mir zusteht. Da teilte der Vater das Vermögen auf.* [13]*Nach wenigen Tagen packte der jüngere Sohn alles zusammen und zog in ein fernes Land. Dort führte er ein zügelloses Leben und verschleuderte sein Vermögen.* [14]*Als er alles durchgebracht hatte, kam eine Hungersnot über das Land, und es ging ihm sehr schlecht.* [15]*Da ging er zu einem Bürger des Landes und drängte sich ihm auf; der schickte ihn aufs Feld zum Schweinehüten.* [16]*Er hätte gern seinen Hunger mit den Futterschoten gestillt, die die Schweine fraßen; aber niemand gab ihm davon.* [17]*Da ging er in sich und sagte: Wie viele Tagelöhner meines Vaters haben mehr als genug zu essen, und ich komme hier vor Hunger um.* [18]*Ich will aufbrechen und zu meinem Vater gehen und zu ihm sagen: Vater, ich habe mich gegen den Himmel und gegen dich versündigt.* [19]*Ich bin nicht mehr wert, dein Sohn zu sein; mach mich zu einem deiner Tagelöhner.* [20]*Dann brach er auf und ging zu seinem Vater. Der Vater sah ihn schon von weitem kommen, und er hatte Mitleid mit ihm. Er lief dem Sohn entgegen, fiel ihm um den Hals und küßte ihn.* [21]*Da sagte der Sohn: Vater, ich habe mich gegen den Himmel und gegen dich versündigt; ich bin nicht mehr wert, dein Sohn zu sein.* [22]*Der Vater aber sagte zu seinen Knechten: Holt schnell das beste Gewand, und zieht es ihm an, steckt ihm einen Ring an die Hand, und zieht ihm die Schuhe an.* [23]*Bringt das Mastkalb her, und schlachtet*

9

es; wir wollen essen und fröhlich sein. ²⁴Denn mein Sohn war tot und lebt wieder; er war verloren und ist wiedergefunden worden. Und sie begannen, ein fröhliches Fest zu feiern.

²⁵Sein älterer Sohn war unterdessen auf dem Feld. Als er heimging und in die Nähe des Hauses kam, hörte er Musik und Tanz. ²⁶Da rief er einen der Knechte und fragte, was das bedeuten solle. ²⁷Der Knecht antwortete: Dein Bruder ist gekommen, und dein Vater hat das Mastkalb schlachten lassen, weil er ihn heil und gesund wiederbekommen hat. ²⁸Da wurde er zornig und wollte nicht hineingehen. Sein Vater aber kam heraus und redete ihm gut zu. ²⁹Doch er erwiderte dem Vater: So viele Jahre schon diene ich dir, und nie habe ich gegen deinen Willen gehandelt; mir aber hast du nie auch nur einen Ziegenbock geschenkt, damit ich mit meinen Freunden ein Fest feiern konnte. ³⁰Kaum aber ist der hier gekommen, dein Sohn, der dein Vermögen mit Dirnen durchgebracht hat, da hast du für ihn das Mastkalb geschlachtet. ³¹Der Vater antwortete ihm: Mein Kind, du bist immer bei mir, und alles, was mein ist, ist auch dein. ³²Aber jetzt müssen wir uns doch freuen und ein Fest feiern; denn dein Bruder war tot und lebt wieder, er war verloren und ist wiedergefunden worden.

1. Einleitung

Das Ziel der Textuntersuchungen dieser Arbeit richtet sich auf die zentralen Aussagen der Parabel vom verlorenen Sohn über das Verhältnis zwischen Gott und den Menschen sowie auf Anstöße für das Verhalten der Menschen untereinander.

Bei der Auslegung beginne ich mit Kontextfragen und gehe auf der Grundlage der daraus hervorgegangenen Ergebnisse zum zweiten Schritt der textnahen Exegese (Kap. 5) im einzelnen über.

Bezüglich dieser Parabel halte ich diese Vorgehensweise für angemessen, weil die folgenden Aspekte als Voraussetzung für ein vertieftes Textverständnis bedeutsam sind:

- die Parabel im Kontext des Lukas-Evangeliums (Kap. 2);
- die Frage nach der Authentizität der Parabel (Kap. 3);
- Informationen über die zeitgenössischen vermögensrechtlichen Verhältnisse (Kap. 3.2);
- textkritische Aspekte (Kap. 4).

Bei der Behandlung dieser teilweise textexternen Fragestellungen erweist es sich als erforderlich, bereits zentrale Aussagen der Exegese des Gesamttextes zu nennen, um nicht hermetisch abgeschlossen vom Text zu arbeiten, sondern stets den engen Bezug zur angezielten Parabel zu bewahren.

Begänne man mit einer textnahen, sich sukzessiv aufbauenden Textexegese, müßte man in anderer Richtung teilweise bereits auf kontextbezogene und textexterne Aspekte hinweisen, um wichtige Punkte der zentralen Textaussage nicht außer acht lassen zu müssen.

In den nachfolgenden Untersuchungen bezeichne ich den Text als *„Parabel* vom verlorenen Sohn". Dadurch werde ich der sprachlich-literarischen Unterscheidung von „Gleichnis" und „Parabel" gerecht, wenn ich auch für den Gebrauch im Alltag die traditionelle Bezeichnung mit *„Gleichnis* vom verlorenen Sohn" als sinnvoll erachte (vgl. Kap. 2.2; Kap. 4, S. 28-29).

Auf die Frage nach anderen, ebenfalls möglichen Benennungen als „Parabel von den *verlorenen Söhnen*", „Parabel vom *gütigen Vater*" oder „Parabel vom Vater und seinen beiden Söhnen" gehe ich in Kap. 4 ein.

2. Die Parabel vom verlorenen Sohn im Kontext des Lukas-Evangeliums

2.1 Thematisch-inhaltliche Übereinstimmungen und Unterschiede der Erzählungen in Lukas 15

Lukas 15 beinhaltet neben der Parabel vom verlorenen Sohn zwei Gleichnisse[1] mit den gebräuchlichen Bezeichnungen „Das verlorene Schaf" und „Die verlorene Drachme". Thematisch haben die drei Texte gemein, daß Verlorenes wiedergefunden wird.

Im Gleichnis vom verlorenen Schaf ist es das Schaf, das der Hirte voll Freude auf die Schultern nimmt, im anderen Fall die Drachme, die die Frau wiederfindet. Beim „Verlorenen Sohn" nimmt der Vater den Sohn wieder auf, der ihn eigentlich für immer verlassen hatte.

In den Texten vom Schaf und der Drachme wird der Bezug von den verlorenen Dingen am Schluß jeweils explizit auf die Freude im Himmelreich über einen umkehrenden Sünder hergestellt. Das Schaf-Gleichnis hebt die größere Freude im Himmel „über einen einzigen Sünder, der umkehrt, als über neunundneunzig Gerechte, die es nicht nötig haben, umzukehren", heraus. Beim Drachmen-Gleichnis wird die ebenfalls große Freude nicht in den Bezug zu den anderen neun Drachmen gestellt.

In der „Parabel vom verlorenen Sohn" steht dem zunächst „verlorenen", dann aber umkehrenden Sohn im zweiten Hauptteil (vgl. Kap. 4) der ältere Sohn gegenüber. Dieser zeigt sich verärgert, als der Vater den

---

[1] Zur Begriffsabgrenzung von Gleichnis und Parabel vgl. Abschnitt 2.2.

jüngeren Sohn, der sich im fremden Land versündigt hat, voll Freude wieder zu Hause aufnimmt; an diesem Tag der Umkehr, Rückkehr und Aufnahme ist die Freude beim Vater, wie die des Hirten über das wiedergefundene Schaf, besonders groß.

Der ältere Sohn empfindet die größere Freude über die Umkehr des Sohnes als Erniedrigung seiner eigenen Person; denn er selbst hat eine solche Freude des Vaters über seine Treue nie so deutlich erfahren. Der Vater zeigt hierauf diesem seine Wertschätzung, indem er sagt: „Mein Kind, du bist immer bei mir, und alles, was mein ist, ist auch dein".

Die „größere Freude" über einen einzigen umkehrenden Sünder als über „Gerechte, die es nicht nötig haben umzukehren", die im Gleichnis vom verlorenen Schaf deutlich ausgesprochen wurde, wird in der Parabel vom verlorenen Sohn differenzierter thematisiert. Der treue Sohn wird aufgefordert, sich mitzufreuen. Es stellt sich darüber hinaus die Frage, ob der ältere Sohn hierdurch nicht auch zu einer anderen Art der Umkehr, einer inneren Umkehr, aufgefordert wird. Dann könnte man den älteren Sohn auch nicht analog zu den neunundneunzig Gerechten aus dem „Verlorenen Schaf" ohne weiteres als gerecht bezeichnen (dieser Aspekt wird in Kap. 2.3 weiter thematisiert).

Zu dieser thematischen Differenzierung kommt als weiterer Unterschied, daß im Text vom „Verlorenen Sohn" kein expliziter Bezug vom Verzeihen und der Freude des Vaters auf Gott im Himmel hergestellt wird. Anders als bei den Texten vom „Verlorenen Schaf" und der „Verlorenen Drachme" ist der Hörer bzw. Leser beim „Verlorenen Sohn" dazu aufgefordert, aus der Erzählung den religiösen Sinn und Bezüge auf Gott selbst herzustellen, wenn er hierbei durch die Art der Anlage des Textes auch geleitet wird.

Die genannten Aspekte zeigen bereits einige Gattungsunterschiede von Gleichnis und Parabel, die im folgenden Abschnitt erläutert werden.

2.2 Formabgrenzung: Gleichnis – Parabel

In einer Parabel wird (in bezug auf Literatur im allgeneinen) ein Gedanke oder eine sittliche Wahrheit durch einen analogen Vergleich mit einem Vorgang oder Zustand aus einem anderen, anschaulicheren Vorstellungs- oder Lebensbereich verdeutlicht.[2] Bei den Parabelerzählungen Jesu im speziellen erhält der Leser ein Verständnis für Jesu Gottesbild und seine Botschaft von der „Herrschaft Gottes".

In einer Parabel wird unterschieden zwischen einem Bildbereich und einem Sachbereich; durch Vergleich und den verbindenden Analogieschluß kann die Parabel gedeutet werden. Veranschaulichen läßt sich die Struktur mit Hilfe der mathematischen Parabel: Die Bildebene (der ausgeführte Text) stellt einen Parabelast dar, „dessen korrespondierende Punkte auf dem anderen Ast [Sachebene] erschlossen werden müssen, da sie nur angedeutet werden, aber die eigentlich gemeinte Aussage enthalten. Im Scheitel kehrt sich die indirekte Aussage in die direkte um"[3].

---

[2] Vgl. G. von Wilpert, 1989, S. 345-346; 655.
[3] Th. Pelster, 1976, S. 98; vgl. B. Matzkowski, 1999, S. 61.

Der Unterschied zwischen Parabel und Gleichnis besteht im wesentlichen in den folgenden Punkten:

Im Gleichnis ist die Verknüpfung zwischen der Ebene des Erzählten (Bildebene) und der Ebene des Gemeinten (Sachebene) direkt möglich. Die Verknüpfung wird häufig durch Vergleichswörter wie „so", „wie" oder „ebenso" direkt hergestellt.

Diese direkte Verknüpfung zwischen Bild- und Sachebene liegt in den Texten „Das verlorene Schaf" und „Die verlorene Drachme" vor, indem es heißt: „[...] Ebenso wird auch im Himmel mehr Freude herrschen [...]" und „[...] Ebenso herrscht auch bei den Engeln Gottes Freude [...]".

In der Parabel hingegen liegt keine direkte Verknüpfung von Bild- und Sachebene vor.

Die Sachebene, das Gemeinte, ist vom Rezipienten zu erschließen. Dadurch ist der Deutungsspielraum jedoch auch größer als beim Gleichnis; dies wird zudem dadurch unterstützt, daß die Parabel erzählerisch stärker ausgestaltet ist.

Im Text „Der verlorene Sohn" fehlt die direkte Verknüpfung von Bild- und Sachebene. Am Schluß steht zwar der Appell des Vaters an den älteren Sohn „Aber jetzt müssen wir uns doch freuen und ein Fest feiern", der zugleich als indirekter Appell an den Hörer bzw. Leser zu verstehen ist; ein direkter Bezug von der erzählten Welt auf Gottes Gnade beispielsweise fehlt jedoch. Bezüge sind vom Rezipienten selbst herzustellen. Das Textarrangement führt den Leser bei seiner Deutung, und die vorangegangenen Gleichnisse geben eine Deutungsrichtung; der Leser ist jedoch selbst in seinem religiös-moralischen Deutungsverständnis gefordert. Dieser Aspekt wird in Kap. 6 nochmals aufgenommen und ausgeführt.

Als weiteres Unterscheidungsmerkmal kommt hinzu, daß das poetische Bild im Gleichnis der konkret-alltäglichen Lebenswirklichkeit (der damaligen Zeitgenossen) entstammt, das jedermann einsichtig ist. Im „Verlorenen Schaf" und der „Verlorenen Drachme" liegen mit dem Schaf und der Drachme konkrete Bild-Träger aus der Alltagswirklichkeit vor.

Die „Parabel vom verlorenen Sohn" basiert auf den rechtlich-gesellschaftlichen Gegebenheiten der damaligen Zeit (vgl. Kap. 3.2) und vermag es, insbesondere die damaligen Zuhörer in ihren Bann zu ziehen. Bei der Parabel erfolgt die bildhafte Aussage jedoch nicht (wie beim Gleichnis) durch das erzählerische Arrangieren alltäglicher Gegenständlichkeiten (Schaf, Münze). Der Parabel-Stoff ist also auch der Wirklichkeit entnommen, aber das Besondere liegt in der Art der dramaturgischen Erzählanlage. Die eigentliche dramatische Handlung mit Verfremdung ruft die Verwunderung und das Nachdenken des Lesers hervor.

Die Verfremdung besteht beim „Verlorenen Sohn" darin, daß der Vater den Sohn ohne Nachfrage wieder annimmt, was nicht den damalig rechtlichen und gesellschaftlichen Erwartungen entspricht. Jesus setzt an die Stelle des „Wirklichen" das „Mögliche". Das „Unerhörte" im Handeln des Vaters fordert beim Leser Verwunderung, Nachdenken und Erkenntnis heraus.[4] Kapitel 7 geht näher auf diesen Aspekt ein.

---

[4] Vgl. hierzu: W. Harnisch, 1995, S. 141-151.

2.3 Die rhetorische Funktion der Erzählungen in Lukas 15

Lukas 15 stellt eine in sich geschlossene thematische Einheit dar. Im Vergleich zu Lk 14 und Lk 16 hat Lk 15 andere Adressaten. Heißt es in Lk. 14,25 „Viele Menschen begleiteten ihn; da wandte er sich an sie und sagte [...]" und in Lk. 16,1a „Jesus sagte zu den Jüngern [...]", so sind in Lk. 15,1-2 die Adressaten von Jesu Rede einerseits Zöllner und Sünder und andererseits Pharisäer und Schriftgelehrte.

Die drei Erzählungen Jesu[5] sind für die angesprochenen Zöllner und Sünder eine positive Botschaft, weil sie die Freude Gottes über umkehrende Sünder darstellen (in den Gleichnissen vom „Verlorenen Schaf" und der „Verlorenen Drachme" explizit, beim „Verlorenen Sohn" implizit; vgl. Kap. 5, S. 32-33; Kap. 7).

Hinsichtlich der Pharisäer und Schriftgelehrten sind die drei Erzählungen Antworten Jesu darauf, daß sie ihm seine Tischgemeinschaft mit Zöllnern und Sündern zum Vorwurf machen.

Durch diese Einbindung der Erzählungen in einen Dialog erhalten sie rhetorischen Charakter und stehen im Rahmen eines Streitgesprächs Jesu mit den Pharisäern und Schriftgelehrten[6].

---

[5] Vgl. dazu Abschnitt 3.1.

[6] Ich habe bewußt den Begriff des Dialogs gewählt. In der Rezeption des Neuen Testaments wurden die Pharisäer immer wieder als Nichtgläubige oder sogar als Heuchler verstanden. Ohne daß ich genauer auf textkritische Aspekte eingehe, sollte beachtet werden, daß die Pharisäer gläubige (bekanntermaßen gesetzestreue) Juden waren, für die der Glaube an das Leben nach dem Tod von großer Bedeutung war. Jesu Streitgespräch mit den Phari-

Der abschließende, deutende Satz des Gleichnisses vom „Verlorenen Schaf" (v.7) bedeutet Hoffnung und Trost für die angesprochenen Zöllner und Sünder; die Pharisäer und Schriftgelehrten hingegen werden darin eindringlich in ihrem Selbstverständnis in bezug auf Gott angesprochen. Sie sehen sich der Frage gegenübergestellt, ob sie zu den „neunundneunzig Gerechte[n]" gehören, „die es nicht nötig haben umzukehren".

Zählt man die angesprochenen Pharisäer und Schriftgelehrten zu den genannten „Gerechten" und kontrastiert man Lk 15,7 mit kritischen Äußerungen bezüglich der Pharisäer im Lukasevangelium, so folgert W. Harnisch, daß sowohl Lk 15,7 als auch Lk 15,10 ironisch gemeint sind.[7] Als Textstellen, in denen die Pharisäer sich nicht als „gerecht" zeigen, führt W. Harnisch z.B. an, Lk 16,14-15:

"[...] Das alles hörten auch die Pharisäer, die sehr am Geld hingen, und sie lachten über ihn. Da sagte er zu ihnen: Ihr redet den Leuten ein, daß ihr gerecht seid; aber Gott kennt euer Herz. Denn was die Menschen für großartig halten, das ist in den Augen Gottes ein Greuel";

des weiteren führt Harnisch Lk 18,9 und Lk 20, 20 an, die hier nicht einzeln angeführt werden sollen.

---

säern läßt sich demnach als kritischer Diskurs zwischen gläubigen Juden verstehen. Allerdings vermittelt Jesus in seinen Gleichnissen ein Gottesbild eines bedingungslos annehmenden Gottes; die Pharisäer werden in zentralen Fragen des Glaubens (Gottesbild, „Herrschaft Gottes") angesprochen und zu einer Reflexion ihrer Gottesvorstellungen aufgefordert.
[7] W. Harnisch, 1995, S. 228.

19

Da bei Jesu Erzählung neben den Pharisäern und Schriftgelehrten auch die „Zöllner und Sünder" anwesend sind, dürften sich die Pharisäer und Schriftgelehrten durch die suggestive Ironie als „Gerechte", „die es nicht nötig haben umzukehren", angesprochen fühlen. Jesu Ausspruch beinhaltet für die Pharisäer und Schriftgelehrten eine provokative Komponente, die zum Überdenken ihres eigenen religiös-sittlichen Verhaltens beitragen kann.

Darüber hinaus fordert Jesus in den beiden Gleichnissen die Pharisäer und Schriftgelehrten einerseits direkt und andererseits indirekt durch die Ansprache als „Gerechte" dazu auf, sich über die Umkehr eines Sünders zu freuen. Konsequent weitergedacht können auch die Pharisäer und Schriftgelehrten Sünden an sich selbst erkennen und zu Umkehrenden werden.

In der Parabel vom „Verlorenen Sohn" sieht sich der ältere Sohn zunächst auf der Seite der „Gerechten", da er seinem Vater stets treu gedient hat. Dadurch, daß er die Freude über den umgekehrten Sohn nicht teilen möchte, gelangt er jedoch in eine ähnliche Position wie die Pharisäer und Schriftgelehrten, die Jesus mit seinen Gleichnissen anspricht. Der Appell des Vaters an den älteren Sohn, sich über die Umkehr des Bruders zu freuen, impliziert den Gedankenanstoß für den älteren Bruder, seine moralischen Einstellungen zu überdenken. Auch er wird innerhalb der Erzählung, wie die Pharisäer und Schriftgelehrten im Rahmen des Streitgesprächs, zu einer inneren Umkehr aufgefordert.

Durch die Textkomposition in Lk 15 stellt Lukas die drei Erzählungen Jesu in einen breiteren Kontext, der einem überblickenden Textverständnis hilfreich ist. Ich bin jedoch der Meinung, daß zentrale Aspekte der Aussage Jesu auch deutlich werden, wenn man die drei Texte jeweils einzeln aufnimmt. Die Freude über umkehrende Sünder im Himmel und der Anstoß an den Einzelnen, zu überdenken, ob er sich selbst auf dem Weg des gerechten Handelns befindet, kommen auch in den Einzeltexten zum Tragen.

Daher halte ich W. Harnischs Formulierung, daß die Parabel „*funktionalisiert* und dem Interesse einer *persuasiven Strategie* dienstbar gemacht"[8] werde, in dieser Deutlichkeit für überzogen.

Insbesondere fällt auf, daß bei der starken Berücksichtigung der rhetorischen Seite der Parabel vom „Verlorenen Sohn" der jüngere Sohn nur sehr wenig Beachtung findet. Dadurch rücken die Vergebung (ohne Vorbedingungen) des Vaters und dessen Freude über die Umkehr in den Hintergrund. Auf das Verhältnis der beiden Text-Hauptteile sowie den Aspekt „Jüngerer Sohn - Älterer Sohn" gehe ich an späterer Stelle, in Kap. 4, ein.

---

[8] W. Harnisch, 1995, S. 228.

3. Die Frage der Authentizität

3.1 Die Parabel vom verlorenen Sohn als Erzählung jesuanischen Ursprungs

Innerhalb der neueren Exegese gilt die Parabel vom verlorenen Sohn weitgehend als ein Überlieferungsstück, das auf die Verkündigung Jesu zurückgeführt wird.[9] Die Parabel hat keine Entsprechung in den anderen Evangelien, so daß die Frage danach, ob sie auf Jesus selbst zurückgeht oder eine lukanische Bildung ist, naheliegt.

Entgegen dem weitgehenden Konsens, daß die Parabel auf Jesus zurückgeht, hält L. Schottroff[10] sie für eine lukanische Bildung. Ausgangspunkt für Schottroff ist zunächst der Argumentationszusammenhang, in den Lukas die Parabel und die anderen beiden Gleichnisse in Lk 15 stellt.

Wie in Abschnitt 2.3 dargestellt, sind die drei Erzählungen in ein rhetorisches Streitgespräch Jesu mit den Pharisäern und Schriftgelehrten eingebunden.

Schottroff stellt die Buße als Kern der lukanischen Soteriologie heraus, die in Lk 15, 7 deutlich werde[11]. So sind die Buße und die himmlische Freude über einen umkehrenden Sünder auch in den Gleichnissen vom verlorenen Schaf und der verlorenen Drachme ein wesentliches Element. Schottroff reduziert die Kernaussage auf den Aspekt der Buße, ist dabei aber, wie R. Pesch[12] herausstellt, ungenau in seiner Exege-

---

[9] Vgl. W. Harnisch, 1995, S. 208.
[10] L. Schottroff, 1971, S. 27-52.
[11] Vgl. W. Harnisch, 1995, S. 207-208.
[12] R. Pesch, 1977, S. 145.

se. Schottroff stellt die Buße als Voraussetzung für das Verzeihen und die Liebe des Vaters dar. In der Erzählung selbst jedoch nimmt der Vater den Sohn bereits voll Liebe auf und zeigt ihm dadurch sein Verzeihen, bevor der Sohn mit seinem vorher formulierten Sündenbekenntnis zu Wort kommt.[13] Aufgrund dieser Unschlüssigkeit in der Exegese ist Schottroffs Argumentation kein Beleg dafür, daß Lk, 11b-32 nur ein schriftstellerisches Produkt Lukas' sei.

Nach J. Gnilka[14] wird die Authentie der Überlieferung dadurch bestärkt, daß eine sachliche Übereinstimmung mit den Erzählungen vom Weinberg und dem unbarmherzigen Sklaven vorliegt. In den drei Gleichnissen steht jeweils ein Dreiecksverhältnis zwischen einer zentralen Figur (die Verweise auf Gott impliziert) und zwei weiteren Hauptpersonen, die sich der zentralen Figur jeweils konträr gegenüber verhalten.

3.2 Die Relation der Parabel zu den zeitgenössischen Rechtsverhältnissen

Wie W. Harnisch und J. Gnilka in bezug auf W. Pöhlmann[15] herausstellen, handelt es sich bei der Übergabe des Erbteils an den jüngeren Sohn durch den Vater um das Rechtsmodell der „Abschichtung", das sowohl jüdischen als auch griechischen Hörern bekannt war.

---

[13] Vgl. R. Pesch, 1977, Anm. 19.
[14] J. Gnilka, 1993, S. 103.
[15] W. Harnisch, 1995, S. 216-217; J. Gnilka, 1993, S. 105-107; W. Pöhlmann, 1979, S. 194-213.

Die „Abschichtung" beinhaltet die vermögensrechtli-
che Verselbständigung eines jüngeren, erbberechtig-
ten Hauskindes zur Gründung eines eigenen Haus-
standes. Dies geschieht zu Lebzeiten des Erblassers,
und der ausscheidende Sohn verliert für die Zukunft
jegliche weitere Ansprüche. Er verliert alle Rechte und
hat bei einer Rückkehr keine Ansprüche mehr zu
stellen.
Der ältere Sohn bleibt aber in der Stellung als Haus-
sohn, ohne daß er besondere Zusicherungen erhält.
Der ältere Sohn erfährt (zunächst, d.h. zu Lebzeiten
des Vaters) keinen sichtbaren Zuwachs an Besitz
oder Rechten, er bleibt in völliger Abhängigkeit des
Vaters.[16]
Den angesprochenen Zuhörern ist der in der Parabel
vorliegende Sachverhalt also aus der vermögensrechtlichen Praxis bekannt. Dadurch werden die Hörer
in eine vorstellbare Welt hineingeführt, und eine Aus-
einandersetzung mit dem in der Parabel angesprochenen religiösen Thema wird nahegelegt.
Auf dem Hintergrund dieses Wissens ist die Wiederaufnahme des Jüngeren als Sohn besonders beach-
tenswert. Der Vater setzt sich mit seiner Liebe und
Treue über gängige Rechtskonventionen hinweg. Na-
heliegend ist die verärgerte Reaktion des älteren
Sohnes, der gegenwärtig unmittelbar noch nichts von
seinem persönlichen Erbe hat.

---

[16] Vgl. ebd.

4. Zur Zusammengehörigkeit der beiden Hauptteile

Angesichts der Zweiteilung der Parabel soll im folgenden auf zwei Fragen eingegangen werden:
a) Gehören die beiden Teile als Einheit zusammen, oder ist der zweite Teil angefügt worden?
b) Trägt einer der beiden Brüder das Hauptgewicht innerhalb der Erzählung?

a) Standpunkte, nach denen sich der Sprachstil der beiden Teile unterscheide, sind nach J. Gnilka[17] und W. Harnisch[18] nicht stichhaltig.

H. Klein[19] glaubt eine spätere Fortschreibung des ersten Teils durch den zweiten daran zu erkennen, daß die *Werbung* um die Sünderannahme (wie im zweiten Teil des Gleichnisses der Fall) nur in der Gemeinde des Sondergutes Lukas' vorkomme. Klein selbst schließt aber die Möglichkeit nicht aus, daß Jesus auch den zweiten Teil selbst erzählt hat, betont aber, daß das Verständnis der Sünderannahme durch die Frommen in der Gemeinde des Sondergutes Lukas' eine besondere Bedeutung eingenommen habe.

In inhaltlicher Hinsicht werden bereits in der Einleitung (v. 11) zwei Söhne erwähnt. Dadurch wird beim Hörer bereits zu Anfang die Erwartung geweckt, daß auch noch der ältere Sohn vorkommen wird. Diesbezüglich stellt D.O. Via heraus:

„Angesichts der für ein Gleichnis charakteristischen Ökonomie wären die *zwei* Söhne im ersten Teil

---

[17] J. Gnilka, 1993, S. 103.
[18] W. Harnisch, 1995, S. 209,
[19] H. Klein, 1987, S. 48-56.

(15,11f) vermutlich nicht erwähnt worden, wenn nicht die Absicht bestanden hätte, sie beide in Erzählung umzusetzen."[20]

Auch in sachlicher Hinsicht steht der zweite Teil in Verbindung mit dem ersten. Es wird ein Gegenbild zum ersten Teil erstellt. Die Thematik der Umkehr und Vergebung wird dadurch erweitert, daß im zweiten Teil thematisiert wird, wie die bedingungslose Vergebensbereitschaft des Vaters durch den älteren Sohn beurteilt wird. Hierdurch erfolgt die Einbindung des Themas der Umkehr und Vergebung in den äußeren Gesprächsrahmen, den Jesus und die Pharisäer und Schriftgelehrten bilden.

An dieser Stelle setzt innerhalb der Exegese die Frage ein, ob einer der beiden Teile größere Bedeutung für die Gesamtaussage des Textes hat.

b) Für diejenigen Exegeten, die vor allem die Bedeutung der rhetorischen Funktion für den kritischen Dialog Jesu mit den Pharisäern und Schriftgelehrten der Parabel sehen, liegt das Schwergewicht des Erzählten auf dem zweiten Teil. So schreibt J. Jeremias:

„Das Gleichnis vom verlorenen Sohn ist [...] also primär nicht Verkündigung der Frohbotschaft an die Armen, sondern Rechtfertigung der Frohbotschaft gegenüber ihren Kritikern."[21]

Das, was ich in Kap. 2.3 angedeutet habe, formuliert J. Jeremias deutlicher:

„Das Gleichnis ist zu Menschen gesagt, die dem älteren Bruder gleichen, d.h. zu Menschen, die sich

---

[20] D. O. Via, 1970, S. 153.
[21] J. Jeremias, 1977, S. 131.

am Evangelium ärgern. Sie sollen im Gewissen getroffen werden [...]".[22]

Nach E. Linnemann ist die Erzählung als Apologie entworfen:

„Der Hauptakzent liegt auf der zweiten Hälfte, in welcher der Vater das Fest rechtfertigt. So versteht sich die Parabel als ´Jesu Antwort auf den Protest der Pharisäer gegen seine Tischgemeinschaft´[23] mit den Verlorenen Israels."[24]

Exegeten dieses Standpunkts geben der Erzählung daher gerne den Titel: „Parabel von den verlorenen Söhnen"[25].

Durch eine starke Hervorhebung dieser kontextbezogenen Bedeutung der Parabel gerät jedoch die Frohbotschaft der Umkehr und freudigen Aufnahme, die in der Geschichte des jüngeren Sohnes dargelegt wird, in den Hintergrund. Zu beachten ist, daß die Erzählung um den jüngeren Sohn zwar gerafft, aber voll entfaltet und abgerundet ist.

Die Person des jüngeren Sohnes bietet sich als Identifikationsfigur an: Er versündigt sich zwar, faßt jedoch den positiven Entschluß zur Umkehr und erfährt die von ihm nicht erwartete freudige Wiederaufnahme durch den Vater. Verstärkt dadurch, daß Jesus die Geschichte erzählt, liegt für den Hörer/ Leser die Deutung nahe, daß wie der Vater auch der wirkliche Gott umkehrende Sünder freudig aufnimmt. Gottes beständiges Heilsangebot ermöglicht einem Sünder die jederzeitige Umkehr. Läßt der Leser sich auf die

---

[22] J. Jeremias, 1977, S. 131.

[23] E. Linnemann, 1978, S. 79.

[24] W. Harnisch, 1995, S. 209.

[25] Vgl. ebd., S. 208; J. Gnilka, 1993, S. 102-103.

Person des jüngeren Sohnes ein, erfährt er die Milde Gottes mit ihm zusammen. Die besondere Bedeutung dieser Parabel liegt gerade darin, daß das positive Heilsangebot Gottes im Rahmen einer nahegehenden Geschichte veranschaulicht wird.

Angesichts dieser hoffnungsvollen Botschaft wird dem Leser die Person des älteren Sohnes keine positive Identifikationsfigur sein. Selbstverständlich bringt der ältere Sohn naheliegende, kritische Einwände an. Jedoch wird im Rahmen der Geschichte der Maßstab des normalen Alltags aufgehoben; denn innerhalb der Erzählung wird die bedingungslose Liebe des Vaters (indirekt Gottes) zum entscheidenden Maßstab.

Die Person des älteren Sohnes stellt eine Kontrastfigur dar, die (verständliche) Einwände des Alltags vorbringt. Innerhalb der Geschichte zeigt sich dieser Standpunkt jedoch als überholt. Im mahnenden Sinne dient der ältere Sohn durchaus als Identifikationsfigur, jedoch auf die Weise, daß der angesprochene Leser dazu aufgefordert wird, der bedingungslosen Liebe/ Zuwendung Gottes zuzustimmen und sie anzunehmen.

Angesichts dieser Ausführungen halte ich die Geschichte um den jüngeren Sohn im ersten Hauptteil für den zentralen Teil des Gleichnisses. Der zweite Teil nimmt einen erweiternden, ebenfalls bedeutsamen Bezug auf diese Geschichte. Die Umkehr des Sohnes und dessen Wiederaufnahme durch den Vater bleibt jedoch das zentrale Thema. Daher kann ich der Bezeichnung „Parabel vom verlorenen Sohn" zustimmen.

Die Bezeichnungen „Parabel vom gütigen Vater", „Parabel von den beiden Söhnen" bzw. „den verlorenen

Söhnen" oder aber „Die Parabel vom Vater und seinen beiden Söhnen"[26] wären ebenfalls angemessen und sinnvoll, sind angesichts der obigen Ausführungen jedoch nicht zwingend.

Die Erzählung hat unter dem Titel „Gleichnis vom verlorenen Sohn" eine große Bekanntheit und insgesamt positive Tradition; zudem ist die emotionale Komponente als meiner Meinung nach positives Element in der Bezeichnung „Gleichnis vom verlorenen Sohn" nicht zu unterschätzen.

Wie ich in Abschnitt 2.2 gezeigt habe, liegt mit der Erzählung in wissenschaftlicher Hinsicht eine Parabel vor. Im alltäglichen Gebrauch ist bekannterweise die Bezeichnung als *„Gleichnis* vom verlorenen Sohn" üblich. Die Unterscheidung von Parabel und Gleichnis ist eine wissenschaftliche Nuance und innerhalb literarischer Wissenschaft bedeutsam. Für den Alltagsgebrauch hat diese Unterscheidung jedoch weniger Bedeutung, so daß ich als Alltagsverwendung die Bezeichnung *„Gleichnis* vom verlorenen Sohn" für angemessen und sinnvoll halte. So würde beispielsweise ein Pastor in der Predigt beim Gebrauch des Begriffs „Parabel" insgesamt auf leichtes Befremden stoßen.

---

[26] Vgl. hierzu M. Gartmann u.a.: Große Freude, Lehrerhandbuch.

5. Textnahe Auslegung der Parabel

Wie in der Einleitung angesprochen, habe ich zuerst textexterne Fragen geklärt und in diesem Rahmen bereits Deutungsergebnisse herausgestellt, die im Sinne der Auslegung der gesamten Parabel bedeutend sind. In diesem Abschnitt deute ich den Text im einzelnen und untermauere und veranschauliche so die bereits genannten zentralen Ergebnisse.

Die Erzählung besitzt zwei Hauptteile, die Geschichte über den jüngeren Sohn und den Teil über den älteren Sohn, der auf den ersten Teil Bezug nimmt.

I. Die Geschichte des jüngeren Sohnes läßt sich in drei Unterabschnitte gliedern:

1. Exposition und Krise (v. 11b-16);
2. Erkenntnisszene (v. 17-20a);
3. Lösung (v. 20b-24).

In der Exposition (bis v. 13a) wird die Ausganglage der Erzählung dargestellt. Der jüngere Sohn fordert den Vater direkt dazu auf, ihm das zustehende Erbteil zu geben. Der Vater teilt den Besitz unter den beiden Brüdern auf. Der zeitgenössische Hörer erkennt hieran den Rechtaspekt der Abschichtung.

Der jüngere Sohn reist in ein fernes Land, und sein rascher Niedergang dort wird in nur wenigen Sätzen gerafft dargestellt, wodurch der Eindruck von der Schwere des Verfalls noch verstärkt wird. Bereits im ersten Satz über das Leben in dem fernen Land ist der Weg in die Krise formuliert („Dort führte er ein zügelloses Leben und verschleuderte sein Vermögen", v. 13b). Das Verprassen des Geldes in einem „zügellosen" Leben ist der Punkt, in dem der Sohn sich versündigt. Zwar hat der Sohn rechtlich den Anspruch auf „Abschichtung"; das Vermögen ist jedoch über viele Jahre auf dem väterlichen Hof erwirtschaftet worden, so daß das Verprassen sehr leichtfertig ist und es die Mühe der langjährigen Arbeit nicht würdigt, in der es eingebracht wurde. Im Text wird zwar explizit nicht gesagt, daß der Vater dem Sohn das Geld mit *Vertrauen* gibt, und die direkte Einforderung durch den Sohn läßt schon zu Beginn seine spätere Sorglosigkeit erahnen; sieht man jedoch das milde Verhalten des Vaters am Schluß, so ist anzunehmen, daß er seinem Sohn doch in gewisser Weise vertraut hat, und dieses Vertrauen würdigt der Sohn ebenfalls nicht.

Die selbstverschuldete Verarmung wird noch durch hinzutretende widrige Umstände, die schwere Hungersnot, verschärft. Der Sohn sucht Hilfe bei einem „Bürger des Landes", lebt dort jedoch nur unter schwersten Bedingungen. Er steht in Abhängigkeit dieses fremden Bürgers. Hierin zeigt sich inhaltlich ein Kontrast zur Exposition, in der er forsch und direkt den ihm zustehenden Teil seines Vermögens einfordert und sich damit vom Vater lösen will; das Verweilen auf dem Hof des Vaters mag er als Abhängigkeit, als Nicht-Freiheit, empfunden haben.

Die Freiheit samt Vermögen verpraßt er jedoch rasch in dem „zügellosen Leben", wie der Erzähler es kurz formuliert. Der selbstverschuldete Verlust der Freiheit mündet in eine Abhgängigkeit, die sich als zutiefst existenziell erweist, denn es ist ihm als Schweinehüter nicht einmal erlaubt, von den Schoten zu essen, „die die Schweine fraßen". Stellt der Rezipient an dieser Stelle den Bezug zur Exposition her, wird ihm (und letztlich auch dem Sohn) deutlich werden, daß es sich nunmehr um echte Abhängigkeit handelt. Entgegen dem gesicherten Leben auf des Vaters Hof in der Heimat befindet er sich jetzt in der Fremde ohne Aussicht auf Unterstützung. In dem Land herrscht Hungersnot, und wie sich am Beispiel des Bürgers zeigt, ist es auch für die anderen Menschen schwierig zu überleben, weshalb sie es ihm sogar verbieten, vom Schweinefutter zu essen.

Die Bedrohung seines Lebens in Verbindung mit dem sich zeigenden Überlebenswillen bringen ihn zur Reflexion („Da ging er in sich", Erkenntnisszene). Anlaß zur Umkehr ist hier zunächst die äußerste ökonomische Not, der lebensbedrohende Hunger und zu diesem Zeitpunkt noch nicht das schlechte Gewissen und eine Bußbereitschaft.[27] Seine innere Reflexion wird in Form eines Selbstgesprächs dargestellt. Zunächst stellt er (möglicherweise durchaus mit etwas Neid) fest, daß es den niedriggestellten Tagelöhnern des Vaters um vieles besser geht als ihm hier in der Fremde. Innerhalb seines Selbstgespräches zeigt sich jedoch eine Weiterentwicklung in seinem Umdenkungsprozeß. Wie A. Stock und H. Weder[28] herausstellen, ist der Anlaß des Umdenkens die persönliche Notlage. Darauf folgt jedoch über das hinaus, was A. Stock und H. Weder feststellen, eine innere Umkehr, die man auch als Bußbereitschaft des Sohnes bezeichnen könnte. Diese neue Stufe seines Denkens zeigt sich in den Worten, die er sich für die Begegnung mit dem Vater überlegt: „Vater, ich habe gesündigt gegen den Himmel und gegen dich". Diese Deu-

---

[27] Vgl. W. Harnisch, 1995, S. 203.

[28] A. Stock, 1978, S. 41, 59-62; H. Weder, 1984, S. 255, Anm. 49, S. 258, Anm. 69.

tung wird durch Bezüge zu den Gleichnissen vom verlorenen Schaf und der verlorenen Drachme unterstützt. In beiden Gleichnissen wird jeweils in der Schlußformel die besondere Freude über einen umkehrenden Sünder herausgestellt, und ich bin der Meinung, daß genau an dem eben genannten Punkt die innere Umkehr des jüngeren, des verlorenen Sohnes, stattfindet. Dieser Aspekt wird meiner Meinung nach bei W. Harnisch (1995, S. 203-204) nicht hinreichend thematisiert.

Der Sohn geht so weit, für sich zu sagen, daß er es nicht mehr wert sei, sein Sohn zu heißen. Entsprechend der Rechtslage der „Abschichtung" ist es ihm klar, daß er nach der Auszahlung seines Erbteils und dem leichtfertigen Verprassen nicht wieder im Status des Sohnes am Hof des Vaters leben kann. So will er den Vater darum bitten, als Tagelöhner am Hof dienen zu können.

Welch niedriger Status den Sohn erwarten würde, wird besonders deutlich, „wenn man in Rechnung stellt, daß die Position des Tagelöhners in hellenistisch-römischer Zeit schlechter gestellt war als die eines Haussklaven"[29].

Als der Sohn nun nach Hause zurückkehrt, kommt er zunächst gar nicht zu seinem Bekenntnis, denn der Vater eilt ihm entgegen und zeigt ihm seine Liebe, indem er ihm um den Hals fällt und ihn küßt. Der Vater stellt ihm also für die Zuwendung in Liebe keine Bedingungen. Ausgehend von Mitleid (v. 20b) nimmt er ihn bereits hier wieder auf. Erst danach kommt der Sohn zu seinem Bekenntnis, in dem er sich aufgrund

---

[29] W. Harnisch, 1995, S. 204.

der Versündigung nicht mehr für wert hält, sein Sohn zu heißen. Die geplante Bitte bezüglich der Stellung als Tagelöhner wird jedoch gar nicht mehr geäußert. Diese würde auch der überschwenglich, liebevoll gemeinten Begrüßung des Vaters widersprechen, denn die Art der Aufnahme hat dem Sohn bereits angedeutet, daß der Vater ihn als Sohn in die Arme schließt. Die Tatsache, daß der Vater den Sohn durch die Heimkehr als Umkehrenden sieht, mag dazu beitragen, daß er ihn ohne Nachfragen annimmt.

Der Vater geht gar nicht weiter auf das Bekenntnis des Sohnes ein; er bekräftigt die Wiederaufnahme durch die Weisungen an die Knechte: das erste Gewand, ein Ring und Schuhe sollen für ihn geholt werden, sowie das Mastkalb soll geschlachtet werden, um ein Freudenmahl zu feiern.

Die ihm verliehenen Gegenstände verbürgen den Status der Sohnschaft. Nach R. Pesch (1977, S. 163) gebührt das Ehrenkleid dem Ersten im Haus, der Ring ist Zeichen der Vollmacht, und die Schuhe kennzeichnen den Freien.

Aus Sicht des älteren Sohnes, der im nachfolgenden 2. Hauptteil zu Worte kommt, ist es vermutlich eine Zurückstellung, wenn der jüngere Sohn das Ehrenkleid, das dem Ersten im Haus gebührt, gereicht bekommt. Schließlich ist er der nachfolgende Erbe des Vaters. Die Gaben des Vaters sind aber eben Zeichen dafür, welche Bedeutung und Freude er der Umkehr des jüngeren Sohnes beimißt. Hier zeigt sich wieder ein impliziter Verweis auf die Aussage der Schlußformel im Gleichnis vom verlorenen Schaf, nach der im Himmel die Freude über einen einzigen Sünder, der umkehrt, größer ist als über neunundneunzig Gerechte, die es nicht nötig haben umzukehren.

Der jüngere, vor kurzem noch verlorene Sohn, ist umgekehrt, und entsprechend der Freude im Himmel freut sich der Vater an diesem Tag und bereitet ihm ein entsprechendes Fest. Dies ist eben *der Tag* des jüngeren Sohnes, an dem der ältere Sohn nicht im Brennpunkt steht. Mit dieser Rolle hat sich der ältere Sohn auseinanderzusetzen, wie sich im zweiten Hauptteil zeigen wird.

Das Festmahl läßt sich ebenfalls als indirekter Verweis auf die Einleitung von Lk. 15 verstehen, in der aus Sicht der Pharisäer und Schriftgelehrten gesagt wird, daß Jesus sich mit Sündern abgibt und sogar mit ihnen ißt.

Wie Jesus durch die Tischgemeinschaft die Verbundenheit zu Ausgestoßenen und Sündern zeigt, so ist das Festmahl in der Parabel ein lebhaftes Zeichen dafür, daß die Sohnschaft des Jüngeren wiederhergestellt ist.

II. Die Erzählung vom älteren Sohn läßt sich in zwei Unterabschnitte gliedern:

1. Exposition und Krise (v. 25-28a);
2. Lösung im Dialog mit offenem Schluß (v. 28b-32a).

Als der ältere Sohn vom Feld her Musik und Tanz hört, erkundigt er sich bei einem Knecht nach dem Grund. Zu beachten ist, daß der Knecht die Vorgänge neutral mit positiver Tendenz bewertet. Der Vater lasse das Mastkalb schlachten, weil er seinen Sohn „heil und gesund wiederbekommen hat". Diese Aussage fordert die Zustimmung des Rezipienten heraus und läßt die Zornesreaktion des älteren Sohnes umso mehr unangebracht erscheinen.

Im zweiten Unterabschnitt geht der Vater wie schon im ersten Hauptteil jetzt auch dem älteren Sohn entgegen. Anders als der jüngere Sohn, der seine Verfehlungen eingesteht, vertritt der ältere seinen Standpunkt. Er sieht sich zurückgestellt, weil er dem Vater seit Jahren treu dient, aber noch nie auch nur einen Ziegenbock für ein Fest mit seinen Freunden bekommen hat.

Der Vorwurf erhält dadurch besondere Schärfe, daß er seinen Anspruch durch die Nennung eines Ziegenbocks im Vergleich zu dem Mastkalb verkleinert. Des weiteren verweigert er, den Zurückgekehrten wieder als Bruder anzunehmen, indem er sagt: „Kaum aber ist *der hier* gekommen, *dein Sohn* [...]". Zudem wirft er dem Jüngeren vor, er habe das Vermögen des Vaters „mit Dirnen durchgebracht", was im ersten Teil nicht genannt wird. Dies kann zwar in der Formulierung vom „zügellosen Leben" enthalten sein, ist aber explizit nicht erwähnt.

Durch diese Formulierungen zeigt der ältere Sohn die Schärfe der Distanz zum jüngeren.

In Hinsicht auf den Rezipienten gerät der ältere Sohn durch diese sehr deutlich abwertenden Äußerungen über seinen Bruder beim Hörer/ Leser in ein negatives Licht. Die negative Personenbewertung des älteren Sohnes wird dadurch verstärkt, daß er außerhalb des Hauses und abseits des Tanzes bleibt[30].

---

[30] Vgl. D.O. Via, 1970, S. 159 bei W. Harnisch, 1995, S. 207.

Im moralisch-religiösen Sinne steht der ältere Sohn nach diesen Äußerungen nicht als Gerechter da. Mögliche Bezüge zu den „neunundneunzig Gerechten, die es nicht nötig haben umzukehren" aus dem „Verlorenen Schaf" habe ich bereits in Kapiteln 2.1 und 2.3 thematisiert.

Den bedenklich scharfen Äußerungen des älteren Sohnes begegnet der Vater mit der Milde, die er auch dem jüngeren bei der Rückkehr entgegengebracht hat. In vermögensrechtlicher Hinsicht macht er ihn darauf aufmerksam, daß ihm der Anteil am väterlichen Besitz gewiß ist. Daneben versichert er ihm, daß er immer bei ihm ist. An diesem Tag ist aber der verloren gewesene Bruder zurückgekommen. Es ist ein Tag, an dem es sich zu feiern lohnt.

Es ist ein Anlaß zur Feier, der durch den abschließenden Satz gewürdigt wird: „[...] denn dein Bruder war tot und lebt wieder; er war verloren und ist wiedergefunden worden".

Darüber, ob diese Abschlußformel tatsächlich eine Redaktion Lukas´ ist oder doch auf Jesu Verkündigung zurückgeht, herrschen unter den Exegeten unterschiedliche Auffassungen.[31]

Interessanterweise spricht der Vater im Abschlußsatz von „dein Bruder". Zählt man diese Aussage zur Parabel hinzu, enthielte sie eine abschließende Aufforderung, den Jüngeren wieder als Bruder anzunehmen und mitzufeiern.

Aus der Sicht des älteren Sohnes ließe sich eine einwendende Frage stellen: Warum hat der Vater ihn nicht gleich vom Feld zur Feier hereingeholt? Diese

---

[31] Vgl. W. Harnisch, 1995, S. 200; J. Gnilka, 1993, S. 104.

Frage ist hypothetisch, weil sie über die Textgrenzen hinausgeht, aber doch berechtigt.

Möglicherweise ist dies ein dramaturgisches Element der Erzählstrategie. Eine Funktion könnte jedoch darin liegen, daß dem älteren Sohn die Möglichkeit geboten werden soll, den zurückgekehrten Bruder von sich aus anzunehmen. Eine bloße Nachlässigkeit des Vaters oder des Erzählers scheint mir als Erklärung jedenfalls nicht hinreichend.

6. Leseraktivität bei der Erarbeitung der Textaussage

Bezogen auf den älteren Sohn, bleibt der Schluß der Parabel offen. Der Vater appelliert an ihn mitzufeiern; ob er schließlich die Heimkunft seines Bruders feiert, bleibt offen.
Dadurch wird an Stelle des älteren Sohnes der Hörer/ Leser dazu aufgefordert, eine Antwort zu finden. Der Leser hat die Perspektiven der drei Hauptpersonen miteinander abzuwägen und dadurch eine Antwort zu finden.
Daneben ist jedoch zu beachten, daß der Leser bei seiner Deutung durch die dramatisch aufgebaute Erzählanlage geleitet wird. Der jüngere Sohn zeigt nach seinem ausschweifenden Lebensabschnitt die Bereitschaft zur Umkehr; damit wird er durch den Text letztlich moralisch positiv bewertet. Der Vater erweist beiden Söhnen gegenüber Offenheit und Liebe, wodurch auch er eine positive Bewertung erfährt. Wie im vorangegangenen Kapitel bereits dargestellt, zeigt sich der ältere Sohn aufgrund seines abweisenden Verhaltens als insgesamt negativ bewertete Figur.
Durch die positive Darstellung des Vaters und des jüngeren Sohnes im Verlauf der Erzählung liegt es für den Leser (meiner Meinung nach) zu Recht nahe, sich für die freudige Teilnahme an der Feier zu entscheiden.
Der ältere Sohn bringt in v. 29,30 Einwände gegen die Wiederaufnahme des jüngeren Sohnes, die sich aus der Sicht des „normalen", älltäglichen Lebens aufdrängen. Berücksichtigt man diesen Aspekt, so zeigt sich, daß der ältere Sohn nicht nur die in Lk. 15,2 er-

wähnten Pharisäer und Schriftgelehrten repräsentiert. Soll die Erzählung vom verlorenen Sohn und dem verzeihenden Vater ernstgenommen werden, so muß der regelmäßig Arbeitende (als Leser) diese Fragen stellen. Sonst könnte er den Eindruck gewinnen, daß es in Erzählungen leicht so idyllisch zugehen könne, das wirkliche Leben jedoch ausgeklammert bleibt. Indem die Geschichte auch diese Einwände aufnimmt, gewinnt der feste Entschluß des Vaters, am Verzeihen und Feiern festzuhalten, an Gewicht.

Darauf, wie es dem Text gelingt, die Zustimmung zum Verzeihen des Vaters nahezulegen, geht der folgende Abschnitt u.a. ein.

7. Abschließendes zur Deutung der Parabel

Indem die Erzählung den Aspekt der „Abschichtung" thematisiert, orientiert sie sich an den damaligen wirklichen Verhältnissen. Ausgehend von diesem Punkt, wird der Hörer in eine vorstellbare erzählte Welt hineingeführt.[32]

Im ersten Hauptteil zeigt sich, daß der jüngere Sohn aufgrund seines ausschweifenden Lebens, begleitet durch schwierige äußere Umstände, unaufhaltsam, sozusagen folgerichtig, zugrundegeht. Eine Korrelation von Handeln und Ergehen wird erkennbar. Dies ist auch der Punkt, an dem die Kritik des älteren Sohnes im zweiten Hauptteil einsetzt. Auch er sieht den Niedergang des Bruders als Folge seiner negativen Lebensweise an.

Für ihn ist es ebenso folgerichtig, daß der Bruder diese Folgen nun auch tragen muß. Da erscheint ihm der verzeihende Eingriff des Vaters als ungerecht.

Gerade die Wiederaufnahme durch den Vater ist der Punkt der Erzählung, an dem die Erwartungshaltung des Hörers durchbrochen wird, nach der der jüngere Sohn weiter fallen würde und allenfalls Aussichten auf eine Tätigkeit als Tagelöhner hätte.

Dieser Erwartungshaltung der „wirklichen Welt" wird durch den Vater eine „mögliche Welt" entgegengestellt.[33]

Angesichts der freudigen Wiederaufnahme des jüngeren Sohnes und des begonnenen Festes erscheint

---

[32] Vgl. W. Harnisch, 1995, S. 217.
[33] Vgl. ebd., S. 217-224.

der Einwand des älteren im Rahmen dieser Geschichte als unangebracht. So berichtet der Knecht in v. 27 bereits wie selbstverständlich von dem begonnenen Fest. Innerhalb der Geschichte sind also nicht mehr die Wiederaufnahme des verlorenen Sohnes und die Freude darüber das Ungewöhnliche, sondern der Einspruch des älteren Sohnes zeigt sich als unangebracht.

W. Harnisch bezeichnet die Kontroverse zwischen dem älteren Sohn und dem Vater als „Einspruch des Wirklichen gegen das Mögliche"[34]. Die Erzählung „verwandelt das, was aus der Sicht der alltäglichen Lebensverhältnisse als normalerweise unerschwingliche Ausnahme erscheinen muß"[35], zur Regel. Für die Auslegung der Parabel als Ganzes ist dieser Aspekt von besonderer Bedeutung:

Innerhalb der Parabel (v. 18;21) wird die Figur des Vaters von Gott unterschieden. Der Vater läßt sich also nicht als direkter Repräsentant Gottes (etwa als Allegorie) in dieser Geschichte verstehen.

Nach den Untersuchungen, die ich bis zu diesem Punkt an dem Text durchgeführt habe, zeigt es sich, daß die ganze Anlage und Dramaturgie des Textes Verweise auf den wirklichen Gott beinhaltet. Entsprechend dem Prinzip der Parabel läßt sich aus der Bildebene des Textes eine Sachebene erschließen, und die Sachebene besteht eben aus den Verweisen auf Gott.

---

[34] W. Harnisch, 1995, S. 220.
[35] Ebd., S. 223.

Ein zentraler Punkt der Parabel besteht darin, daß der Vater für die Wiederaufnahme des verlorenen Sohnes keine Bedingungen stellt. Bezieht man dies auf Gott, so bedeutet das, daß Gott den Menschen beständig Liebe entgegenbringt. Dieses Liebesangebot steht ohne Bedingungen an die Menschen. Es liegt jedoch an den Menschen, dieses beständige Liebesangebot anzunehmen. Wie der verlorene Sohn den Entschluß faßt, nach seinen Verfehlungen zu seinem Vater zurückzukehren[36], sind die Menschen dazu aufgefordert, sich (nach Verfehlungen) wieder Gott zuzukehren. Für den Gläubigen läßt sich daraus die Hoffnung schöpfen, daß er bei Zuwendung zu Gott auf dessen Liebe vertrauen kann. Die Zuwendung ist aber nicht als Voraussetzung für das beständige Liebes- und Heilsangebot anzusehen.

Der Vater ist bemüht, den älteren Sohn zur Mitfreude über die Rückkehr des Bruders zu bringen und ihn somit zum Mitfeiern zu bewegen. Dies ließe sich als Aufforderung Gottes verstehen, die Liebe Gottes vertrauensvoll anzunehmen und in ihrem Sinne zu leben. Daraus ließe sich das hohe Ziel ableiten, die „alte Ordnung"[37] (die der ältere Sohn durch seine Einwände repräsentiert) abzulegen und im Sinne der „neuen Ordnung", der Liebe Gottes, zu leben.

Dies ist bezogen auf das Alltagsleben ein hoher Anspruch, ruft aber dazu auf, alltägliche Regularitäten zu

---

[36] Nach meinen Textuntersuchungen in Kap. 5, S. 32-33 ergibt sich, daß der jüngere Sohn durchaus eine innere Umkehr im Sinne von Einsicht und Reue aufweist. Die ökonomisch-physische Notlage zeigt sich als Anstoß zu diesem Reflexionsprozeß.

[37] J. Gnilka, 1993, S. 107-108.

überdenken und zunehmend im Sinne von (Gottes-) Liebe und Verzeihensbereitschaft zu leben.

8. Literaturverzeichnis

I. Primärliteratur:

Evangelium nach Lukas, Kapitel 15, in: Neue Jerusalemer Bibel. Einheitsübersetzung mit dem Kommentar der Jerusalemer Bibel, Freiburg, Basel, Wien 1985, 10. Aufl. (1980 1. Aufl.).

II. Sekundärliteratur:

M. Gartmann/ I. Richter/ R. Göllner u.a.: Die Parabel vom Vater und seinen beiden Söhnen, in: Dies.: Große Freude. Religion im 3. Schuljahr, Lehrerhandbuch, S. 65-68.

J. Gnilka: Die Botschaft von der Herrschaft Gottes, 5. Kapitel, in: Ders.: Jesus von Nazaret. Botschaft und Geschichte, Freiburg 1993, S. 87-165.

W. Harnisch: Die Gleichniserzählungen Jesu. Eine hermeneutische Einführung, Göttingen 1995, 3. Aufl. (1985 1. Aufl.), S. 200-230.

J. Jeremias: Die Gleichnisse Jesu, 9. Aufl., Göttingen 1977.

H. Klein: Barmherzigkeit gegenüber den Elenden und Geächteten. Studien zur Botschaft des lukanischen Sondergutes, Neukirchen-Vluyn 1987.

E. Linnemann: Gleichnisse Jesu. Einführung und Auslegung, 7. Aufl., Göttingen 1978.

B. Matzkowski: Wie interpretiere ich Fabeln, Parabeln und Kurzgeschichten, Hollfeld 1999, 2. Aufl. (1998 1. Aufl.).

P.G. Müller: Lukas-Evangelium, (Stuttgarter Kleiner Kommentar), Stuttgart 1998 (1984 1. Aufl.), S. 134-136.

R. Pesch: Zur Exegese Gottes durch Jesus von Nazaret. Eine Auslegung des Gleichnisses vom Vater und den beiden Söhnen (Lk 15,11-32), in: Jesus. Ort der Erfahrung Gottes (Festschrift B. Welte), 2. Aufl. Freiburg, Basel, Wien 1977, S. 140-189.

W. Pöhlmann: Die Abschichtung des verlorenen Sohnes (Lk 15,12f.) und die erzählte Welt der Parabel, ZNW 70/1979, S. 194-213.

Th. Poser (Hg.): Parabeln. Für die Sekundarstufe, Stuttgart 1998 (1978 1. Aufl.).

D.O. Via: Die Gleichnisse Jesu. Ihre literarische und existentiale Dimension (BevTh 57), München 1970.

L. Schottroff: Das Gleichnis vom verlorenen Sohn, ZThK 68/1971, S. 27-52.

A. Stock: Textentfaltungen. Semiotische Experimente mit einer biblischen Geschichte, Düsseldorf 1978.

H. Weder: Die Gleichnisse Jesu als Metaphern. Traditions- und redaktionsgeschichtliche Analysen und Interpretationen (FRLANT 120), 3. Aufl., Göttingen 1984.

G. v. Wilpert: Sachwörterbuch der Literatur, 7. Aufl., Stuttgart 1989.

Bei BoD sind von Stefan Burchert bisher erschienen und erhältlich:

1. Das Gleichnis vom verlorenen Sohn – Eine zusammenfassende Darstellung zum Verständnis des Gleichnisses.
   ISBN 3-8311-2968-1

2. Die Konstantinische Wende – Eine zusammenfassende Darstellung zentraler Aspekte.
   ISBN 3-8311-2967-3

3. Wanderung im Teutoburger Wald; Iris auf Abwegen – Zwei Kurzromane und andere Erzählungen.
   ISBN 3-8311-2966-5

4. Barmstedt unterwegs (Hrsg. u. teils Autor) – Erzählungen, Schilderungen und Reportagen über Reise, Urlaub, Unterwegs-Sein; 36 Texte verfaßt von elf Autoren der Barmstedter Literaturprojekte (www.BaLit.de).